INSTITUT DE FRANCE

ACADÉMIE DES SCIENCES MORALES ET POLITIQUES

NOTICE

SUR LA VIE ET LES TRAVAUX

DE

CORMENIN

(1788-1868)

PAR

M. CHARLES LYON-CAEN

SECRÉTAIRE PERPÉTUEL

Lue dans la séance publique annuelle du samedi 13 décembre 1930

PARIS

TYPOGRAPHIE DE FIRMIN-DIDOT ET Cⁱᵉ

IMPRIMEURS DE L'INSTITUT DE FRANCE, RUE JACOB, 56

M CM XXX

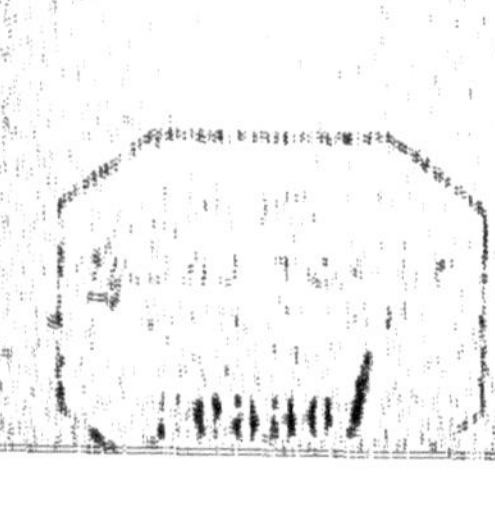

NOTICE

SUR LA VIE ET LES TRAVAUX

DE

CORMENIN

(1788-1868)

PAR

M. CHARLES LYON-CAEN

SECRÉTAIRE PERPÉTUEL

MESSIEURS,

La notoriété est chose éphémère comme la popularité.
C'est une vérité si banale qu'on hésiterait à l'exprimer une
fois de plus si elle ne s'imposait pas à qui compare la
renommée dont a joui de son vivant un personnage
comme Louis de Cormenin et l'oubli dans lequel il est
tombé. Au temps de la Monarchie de Juillet et de la
seconde République, son nom était dans toutes les bou-
ches. Prononcez-le aujourd'hui, même devant des personnes qui n'ignorent pas l'histoire contemporaine, beaucoup d'entre elles vous jetteront un regard interrogateur

Louis de Cormenin était né à Paris le 6 janvier 1788. Il appartenait à une famille originaire de la Bresse. Son père, comme l'avait fait son grand-père, exerçait les fonctions de lieutenant général de l'Amirauté ; il était ainsi le second du Grand Amiral de France, chef des administrations et des juridictions maritimes et dont la compétence s'étendait à toutes les affaires administratives et contentieuses relatives à la marine du Royaume.

Grâce aux hautes relations de sa famille, Louis de Cormenin eut pour marraine la princesse de Lamballe, l'amie dévouée de la reine Marie-Antoinette et une des victimes des massacres de septembre et pour parrain le beau-père de cette princesse, le duc de Penthièvre, Grand Amiral de France.

M. de Cormenin père se fit remarquer pendant la Révolution par ses idées libérales et par son patriotisme. En 1789, comme membre de l'assemblée de la noblesse, il signa le cahier des pouvoirs et instructions du bailliage de Montargis, il demandait une notable partie des réformes politiques et sociales que devait opérer la Constituante. Il s'éleva contre l'émigration et protesta contre la formation par les anciens nobles d'une armée destinée à combattre les armées de la France. Aussi put-il passer sans être inquiété le temps de la Terreur dans son château du Loiret.

Louis de Cormenin, qui avait commencé ses études classiques dans une institution privée, les acheva au Lycée de Paris qui est devenu, après avoir plusieurs fois changé de nom, le lycée Louis le Grand. Il eut de brillants succès scolaires, il obtint au Concours général entre les

lycées impériaux un prix de logique et un accessit de
discours français.

En 1807, il fut reçu licencié à l'École de Droit de Paris.
En même temps qu'il faisait de très sérieuses études juri-
diques, il manifestait ses goûts littéraires en publiant souvent des poésies dans l'*Almanach des Muses* et dans le
Mercure de France. Les critiques du temps en ont fait de
très grands éloges. Ainsi, l'un d'eux, après avoir cité quelques-uns de ses vers, écrivait : « Quel naturel ! Quelle fraî-
cheur ! Que ce style est doux et harmonieux ! Nous
sommes devenus difficiles et même un peu dédaigneux !
Des poètes se sont fait dans le temps une assez grande
réputation avec un petit nombre de stances qui ne valent
pas celles-ci. » La postérité n'a pas confirmé cette appré-
ciation si élogieuse, les vers de Cormenin ne figurent
dans aucune anthologie, et il semble que cet oubli est
plus justifié que l'enthousiasme des critiques des premières années du XIXe siècle.

Quoi qu'il en soit, Cormenin n'a eu qu'à se féliciter de
son incursion passagère dans la poésie, elle a eu sur sa
carrière une décisive et heureuse influence. Il avait consacré une ode à la gloire de Napoléon. L'Empereur en fut
touché et nomma en 1810 l'auteur, alors âgé de vingt-deux
ans, auditeur au Conseil d'État. C'était une grande faveur.
L'événement devait prouver que celui qui en était l'objet
en était tout à fait digne.

Ses nouvelles fonctions n'empêchèrent pas le jeune
auditeur de cultiver les muses, comme on disait alors.
En 1813, il publia un recueil intitulé, *Odes par M. de Cormenin, auditeur au Conseil d'État.*

Lors de la première Restauration, il oublia, comme
beaucoup d'autres, la reconnaissance qu'il devait à Napoléon, il se rallia immédiatement à la monarchie légitime
et fut nommé maître des requêtes surnuméraire au Conseil d'État. Après le retour de l'île d'Elbe, il évita de se
compromettre; il renonça à toute fonction. Mais il eut le
mérite de comprendre, comme l'avait fait son père pendant la Révolution, qu'en dehors et au-dessus des régimes
politiques souvent passagers, il y a toujours la France; il
s'engagea comme volontaire et participa à la défense de
Lille. Après Waterloo, Louis XVIII le récompensa de
son attitude pendant les Cent jours en le nommant Maître
des requêtes ordinaire, c'est-à-dire en titre.

Au Conseil d'État de la Restauration, Cormenin joua
un rôle considérable. Membre du Comité du contentieux,
il fut rapporteur dans les affaires les plus importantes et
les plus difficiles. Le contentieux administratif où l'on
peut dire qu'au bout de peu d'années, il était passé maître,
ne l'absorbait pas tout entier. Il se consacrait avec une
égale maîtrise aux attributions législatives et réglemen-
taires du Conseil d'État. Il est l'auteur du rapport sur
l'ordonnance de 1828 relative aux conflits. Elle est si bien
conçue et la rédaction en est si satisfaisante qu'elle est
toujours en vigueur et qu'elle a ainsi survécu aux nombreux régimes politiques qui se sont succédé en France
depuis cent ans.

Cormenin ne se bornait pas à appliquer le Droit administratif aux litiges soumis au Conseil d'État. Il a eu le
mérite de contribuer par des ouvrages qui eurent un
grand et légitime succès à la formation et au progrès de

cette branche de la législation. Il peut être considéré comme un de ceux qui l'ont créée et développée.

En 1822, il publia sous le titre de *Questions de Droit administratif* un ouvrage en trois volumes consacré aux matières diverses et multiples du contentieux. Sur chacune des grandes questions qu'il aborde, il étudie les lois en vigueur, les solutions que leur avait données la jurisprudence et il les soumet à une critique pénétrante. Il ne néglige pas la bibliographie, du reste alors, assez pauvre. Ce grand ouvrage a eu cinq éditions. La dernière a paru en 1840 sous le titre de *Droit administratif.* S'il n'est plus consulté aujourd'hui, c'est que la législation administrative a subi pendant le dernier siècle des modifications profondes et qu'en maintes circonstances, le Conseil d'État a eu véritablement à faire la loi pour des matières qui ne sont ni codifiées ni même régies par des dispositions légales.

Dès 1818, en gardant l'anonymat, Cormenin avait déjà publié un autre ouvrage dont l'objet était plus restreint, *le Conseil d'État envisagé comme conseil et comme juridiction dans notre Monarchie constitutionnelle.* Après avoir exposé les origines remontant à l'ancienne Monarchie du Conseil d'État créé par la Constitution de l'an VIII et rappelé le rôle législatif si utile et si brillant du grand corps associé sous le Consulat et sous l'Empire à la confection des Codes, l'auteur constate que, dans une monarchie constitutionnelle, l'existence de chambres où sont discutées les lois, empêche le Conseil d'État d'avoir dans l'exercice du pouvoir législatif une part aussi notable. Puis, il critique l'organisation qui fait d'un seul corps tout

ensemble un conseil de gouvernement et une juridiction. Il soutient que le Conseil d'État devrait seulement avoir pour attributions d'éclairer le gouvernement
par ses avis et de participer à la préparation des lois,
et qu'il y aurait lieu de constituer un tribunal administratif supérieur spécial.

En attendant même que cette réforme fût opérée, il
réclamait devant le Conseil d'État une procédure orale,
la publicité des audiences et la constitution d'un représentant du gouvernement analogue au Ministère public.
C'est surtout grâce à Cormenin que ces excellentes inno-
vations ont été réalisées aussitôt après la Révolution de
1830. Mais il est une autre réforme pour laquelle il n'a
pas reçu satisfaction. Il voulait que les juges administratifs fussent inamovibles, comme les magistrats des tribunaux de l'ordre judiciaire. Au point de vue purement
théorique et logique, on ne peut que lui donner raison.
On doit même faire remarquer que l'inamovibilité semble
d'autant plus nécessaire pour assurer l'indépendance des
juges administratifs qu'ils ont à statuer sur des contes-
tations dans lesquelles l'État est fréquemment partie.
Mais, en fait, l'amovibilité des membres du Conseil d'État
n'a eu aucune conséquence fâcheuse; sous tous les
régimes politiques, on doit le reconnaître à leur
honneur, ils ont fait preuve de la même indépendance
que les magistrats des tribunaux ordinaires, et la justice
administrative est la garantie la plus efficace qui puisse
être donnée aux citoyens contre les abus et les excès
de pouvoir de l'administration. C'est que l'indépendance
qu'on doit exiger des juges est garantie par leur carac-

tère autant et même plus que par des dispositions légales
destinées à l'assurer.

Le gouvernement de la Restauration reconnut les émi-
nents services de Cormenin en lui conférant des titres de
noblesse auxquels ses opinions aristocratiques d'alors lui
faisaient attacher du prix. Louis XVIII le nomma baron
en 1824, Charles X vicomte en 1826. En outre, il fut
autorisé à constituer un majorat avec une partie de ses
biens qui devinrent ainsi inaliénables et transmissibles
de mâle en mâle par ordre de primogéniture.

Sous la Restauration, comme plus tard sous le gouvernement de Juillet, le mandat législatif n'était pas incom-
patible avec les fonctions publiques.

En 1828, Cormenin, tout en restant maître des requêtes
au Conseil d'État, se fit élire député d'Orléans. Il prit
place au centre gauche et fit preuve d'une indépendance
que les fonctionnaires députés n'ont pas toujours montrée.
Il attaqua l'hérédité de la pairie et, ce qui paraissait alors
très audacieux, il soutint que les membres de la Chambre
des Pairs devraient être élus comme ceux de la Chambre
des Députés, pour donner à la Chambre Haute une autorité dont elle ne pouvait pas jouir alors que ses membres
étaient nommés par le souverain. Il défendit avec ardeur
les libertés menacées et fut au nombre des 221 députés
qui votèrent la fameuse adresse de mars 1830, origine des
ordonnances et de la Révolution de Juillet.

Après les trois glorieuses, il donna sa démission de
député, pour ne pas prendre part au vote qui appelait au
trône le duc d'Orléans. Il considérait que cette décision
de la Chambre était une véritable usurpation, puisque

élus simplement pour faire des lois, les députés n'avaient
pas le pouvoir de changer la dynastie et d'adopter une
charte nouvelle qui, du reste, arrêtée en quatre jours,
constituait, pour parler comme lui, *une charte bâclée*. Il
se refusait à reconnaître que les nécessités impérieuses
de l'ordre imposaient de pourvoir d'urgence à la vacance
du trône. Avec une logique inexorable il soutenait en 1831
que tous les actes émanant du gouvernement depuis un
an étaient nuls et non avenus. Pour n'avoir avec le régime
nouveau aucune relation officielle, il donna sa démission
de maître des requêtes. Il devint et demeura, pendant les
dix-huit ans de sa durée, un des adversaires les plus
constants et les plus dangereux de la Monarchie de
Juillet.

En octobre 1830, il rentra à la Chambre des Députés,
élu dans le département de l'Ain, berceau de sa famille.
Il y siéga à l'extrême gauche. Il n'aborda que très rarement la tribune, mais il ne cessa de combattre la nouvelle monarchie dans de petites brochures imitées de
Paul Louis Courrier où il dirigeait les critiques les plus
vives et parfois les moqueries les plus acérées contre les
actes du gouvernement. Ses pamphlets contribuèrent à lui
donner dans toute la France une véritable popularité.
Aussi en 1832, fut-il élu le même jour dans quatre arron-
dissements, ceux de Belley, de Pont de Vaux, de Montargis et de Joigny. Il opta pour Belley. Aux élections de
1834, il obtint la majorité dans la Sarthe et dans l'Yonne
et constamment réélu, il fut jusqu'en 1846 député de
l'arrondissement de Joigny pour lequel il avait opté.

Les pamphlets de Cormenin touchent aux questions les

plus diverses d'ordre politique, financier et international.
Le nombre en est tel qu'on ne saurait les énumérer ici.
Il suffira d'en mentionner quelques-uns et d'en extraire
des passages, pour faire connaître la nature de ses
attaques et apprécier son talent de polémiste.

Au début du nouveau règne, en 1831, il y avait à déter-
miner le montant de la liste civile annuelle du souverain.
Le gouvernement déposa un projet de loi qui la fixait à
dix-huit millions. Les opposants poussèrent de véritables
clameurs, ils déclaraient exorbitant ce chiffre, cependant
inférieur à celui de la liste civile des deux rois précédents
qui s'élevait à 25 millions. Cormenin prit la tête du mou-
vement de protestation et publia sur la question
trois lettres qu'il qualifia de philippiques. Il y compa-
rait le montant de la liste civile réclamée pour Louis-
Philippe à celles de plusieurs souverains étrangers et au
traitement si modeste du Président des États-Unis. Il ne
manquait pas de rappeler que les partisans de la dynastie
nouvelle avaient annoncé un gouvernement à bon marché
et avec une grande habileté, il s'appuyait sur les qualités
attribuées au nouveau roi pour combattre le projet. Il
écrivait notamment : « Quelles dépenses peut donc avoir
à faire un prince qui n'a ni chiens, ni chevaux, ni cham-
bellans, ni confesseur, ni maîtresse ? Le Roi est si
désintéressé ! C'est pour cela qu'il ne doit pas nous
demander tant. Il est si économe ! C'est pour cela qu'il
doit faire son service à meilleur compte. Il a personnelle-
ment si peu de besoins ! C'est pour cela qu'il doit laisser
davantage au peuple qui en a tant. Je me suis bien gardé
de donner dans la chimère d'un gouvernement à bon

marché, mais, néanmoins, je n'aurais jamais cru que ce dût coûter si cher un roi-citoyen. »

Cette série de lettres a eu vingt-cinq éditions et le gouvernement dut réduire à 12 millions le montant de la liste civile annuelle proposée à la Chambre et qui fut votée par elle.

Cormenin dirigea une campagne du même genre en 1840 contre le projet de dotation présenté aux Chambres en faveur du second fils du roi, le duc de Nemours, à l'occasion de son mariage avec une princesse de Saxe-Cobourg-Gotha. Dans une brochure intitulée *Lettre d'un Jacobin à propos d'une dotation* et portant pour épigraphe *De l'argent, toujours de l'argent*, il demandait le retrait du projet, en faisant valoir que le prince avait une fortune personnelle plus que suffisante. Il écrivait : « Nous paierons pour Monsieur le Duc et nous paierons pour Madame la Duchesse et nous paierons le trousseau et nous paierons la layette et nous paierons les galas, les fleurs d'oranger et les girandoles et dans cette danse nouvelle qui va mettre la France en liesse, que ne paierons-nous pas outre les violons ! » Le succès de ces attaques fut éclatant. La Chambre rejeta le projet de dotation et le ministère Soult qui l'avait présenté, dut donner sa démission.

L'un des reproches qu'on adressait à Louis-Philippe était de ne pas se soumettre aux règles du régime parlementaire, de suivre une politique personnelle et de vouloir gouverner, alors qu'il devait se borner à régner. Dans une brochure parue en 1839, portant pour titre *État de la question*, Cormenin examinait ce grief qu'il estimait bien fondé et il concluait en ces termes : « En résumé, à toute la Nation la souveraineté, à la majorité des électeurs la nomination de la Chambre, à la Chambre l'omnipotence constitutionnelle ; au Roi les honneurs du trône, la représentation extérieure, la représentation nominale, l'hérédité et l'inviolabilité, aux Ministres responsables le gouvernement. La France veut le gouvernement du pays par le pays ; la Cour veut le gouvernement personnel du Roi. Au bout de l'un se trouve l'ordre et la liberté ; au bout de l'autre une révolution. »

Quand les événements semblèrent annoncer un réveil de l'Italie, il consacra une brochure à son indépendance, il y plaidait la cause de la non intervention et à cette occasion, posait des principes qui, après de trop nombreuses guerres et des traités qui les ont méconnus, semblent aujourd'hui triompher dans les relations internationales :

« La réunion d'un État à un autre État ne peut s'effectuer régulièrement que par le libre consentement des habitants de l'État réuni ;

« Toute agrégation qui se fait par la conquête ou même par les traités des gouvernements entre eux sans le consentement préalable des peuples, se fait contre le droit et est nulle en soi.

« Aucun prince de son chef, aucune législature, si ce n'est qu'elle soit élue *ad hoc* par toute la nation, ne peut rendre valable, ferme et stable un tel pacte. »

Après la Révolution de 1830, une modification profonde s'était produite dans les opinions de Cormenin. Il embrassa avec ardeur les doctrines démocratiques. Il déclara renoncer à ses titres de noblesse qui lui avaient

été conférés sous la Restauration, ainsi qu'à son majorat.
A une époque où le suffrage universel avait encore peu de
partisans, il en devint l'un des plus ardents défenseurs.
Il qualifiait d'artificiel et de fictif tout autre système
électoral, par cela même qu'il conduit à considérer
comme représentant peuplele entier les élus d'une infime
minorité. Il écrivait : « Il n'y a de vrai en matière d'élection que l'égalité du droit personnel, c'est-à-dire le
suffrage universel ; tout le reste est arbitraire, fiction,
mensonge. Le droit d'électorat et le droit d'éligibilité
existent *a priori* dans la personne de chaque citoyen
français, c'est la conséquence directe, logique, invincible,
du principe de la souveraineté du peuple. La loi ne peut
donc pas créer la capacité, on ne crée pas ce qui existe,
le droit de reconnaître le droit de tous, puisque le droit
est à tous. » Puis il ajoutait en faisant allusion à la Révolution de 1830 : « Le peuple n'a pas fait une demi-révolu-
tion ; il ne veut pas d'une demi-liberté, il a un roi et plus
de maître ». Des restrictions apportées à l'éligibilité par
le système censitaire, il disait : « Il est défendu à tout
Français d'être orateur et de servir son pays, s'il ne
dépose préalablement une quittance du percepteur dûment
légalisée qui constate que l'orateur peut mener une vie
noble, c'est-à-dire une vie d'oisif. Voilà la loi ! N'est-ce
pas que c'est une belle loi ! »

Sans doute s'il publiait tant de phamphlets, c'était
pour étudier les questions du jour, mais à cette occasion,
il énonce souvent des principes d'un intérêt permanent et
se livre à des critiques dont l'exactitude peut se vérifier
dans tous les temps. Ainsi, il trace aux ministres un rôle

que parfois ils ne remplisssent guère : « Si, écrit-il, dans
l'ordre des nécessités logiques les ministres sont l'expres-
sion de la majorité, c'est pour marcher à sa tête, non
pour se remorquer à sa queue. » Puis, s'en prenant aux
députés qui trop souvent aveuglés par le désir d'être
réélus, sacrifient l'intérêt général du pays à des intérêts
purement locaux, il leur dit : « Allez donc sonner les cloches
de votre petite église, faites-vous rebaptiser, appelez-
vous, si cela vous plaît, députés de votre village, ne vous
appelez plus les députés de la France. »

On doit à Cormenin, en dehors de ses pamphlets, deux
ouvrages, une étude brève, mais très intéressante sur la
centralisation et surtout une œuvre de plus longue haleine,
le *Livre des orateurs* qui a pendant longtemps fait sa réputation d'écrivain et d'historien.

Dans l'étude sur la centralisation, l'auteur fait l'éloge
de l'unité politique de la France et montre que cette unité
a été en quelque sorte consolidée par la centralisation
administrative. Mais il ne méconnaît pas qu'à certains
égards, elle est excessive et il cherche à poser les règles
directrices qui peuvent servir à l'atténuer et propose une
décentralisation nécessaire pour la prompte expédition
des affaires. Il écrit :

« Il ne faut pas vouloir régler de loin et par de grands
principes les petites affaires qui ne se traitent bien que sur
les lieux mêmes, avec promptitude et par de petits moyens
employés à propos. Il ne faut pas non plus vouloir gouverner par des raisons d'État les affaires domestiques des
communes qui ont d'autres raisons pour les gouverner. »

Ces formules sont sans doute excellentes, et il semble que personne ne puisse les combattre. Mais en cette matière, comme en beaucoup d'autres, la difficulté n'est pas de formuler des principes généraux exacts, mais de les appliquer, et souvent, des personnes qui sont d'accord sur les principes à observer pour distinguer les petites affaires des grandes, cessent de s'entendre quand il s'agit de faire entre elles le départ nécessaire.

Le *Livre des orateurs* est l'ouvrage de beaucoup le plus important de Cormenin. Il a conservé une valeur historique qui explique son durable succès. La première édition est de 1838, et la dix-huitième a paru plus de trente ans après, en 1872.

Le livre se divise en deux parties distinctes. La première a un caractère didactique. Il n'y est pas question, comme dans le traité *De oratore* de Cicéron, des études auxquelles le futur orateur doit s'appliquer, des qualités qu'il doit s'efforcer d'acquérir, des défauts qu'il doit chercher à éviter. Cormenin, après avoir distingué les différents genres d'éloquence, examine les causes diverses telles que la langue, la nature de l'auditoire et celle des événements qui exercent une influence sur l'art oratoire, il indique que les avocats, les professeurs et les militaires sont particulièrement prédisposés à l'éloquence parlementaire et montre les qualités et les défauts qu'en général, contribue à donner à ces trois catégories d'orateurs, quand ils abordent la tribune, l'exercice de leur profession ; il compare l'écrivain, notamment le journaliste, à l'orateur et il expose la tactique propre à chaque Ministre selon son département. A propos du Ministre des finances (nous

dirions aujourd'hui Ministre du budget), il donne du
budget qu'il a pour fonction de présenter et de défendre
une sorte de description dont les années écoulées, surtout
les dernières, ont confirmé l'exactitude : « Tout est dans
le budget, tout en sort et tout y rentre, les départements
et Paris, les lettres et les sciences, l'agriculture et
l'industrie, le gouvernement, les chambres, les armées,
les religions, la police et les mœurs bonnes ou mauvaises.
Le budget est un abrégé des merveilles du monde. La
terre et l'eau, l'air et le feu, la lumière elle-même, ce qui
dévore et ce qui est dévoré, ce qui marche et ce qui ne
bouge pas, tout ce qui est à fleur du sol et ce qui est au-
dessous, les plantes et les animaux, tout ce qui vit et ce qui
est matière est sujet à l'impôt. L'impôt progresse plus
vite que la civilisation et pour lui, ce n'est pas une chimère que la perfectibilité indéfinie. Car qui paie simple
paiera double, et qui ne paie pas encore paiera. »

La seconde partie du *Livre des orateurs*, qui n'est pas
la moins attrayante, se compose d'une série de portraits.
L'auteur pensait avec raison que, pour porter sur un
orateur un jugement complet et exact, il faut, non pas
avoir lu ses discours, mais les avoir entendus. Aussi ses
portraits sont-ils pour la plupart relatifs à des personnages de la Restauration et du gouvernement de Juillet. Il en a choisi sept dans la première période et
quinze dans la seconde. Pour l'Empire, il est question
seulement de Napoléon, le seul homme qui put alors
parler librement et qui représente au plus haut degré de
perfection l'éloquence militaire. Mais on peut aussi dans
une certaine mesure apprécier l'éloquence d'hommes

qu'on n'a pas pu entendre, mais sur lesquels on a recueilli
les récits et les appréciations des contemporains. Aussi
le *Livre des Orateurs* contient-il les portraits de Mira-
beau, de Danton et du grand patriote irlandais O'Connel.

En traçant ces portraits qui forment autant de mono-
graphies, Cormenin caractérise et juge l'éloquence de
chacun des orateurs dont il parle et, comme il s'agit
d'hommes d'État, il détermine et apprécie le rôle politique qu'il a joué. Dans ces jugements, l'auteur est naturellement influencé par ses opinions propres, surtout
quand il s'agit de personnages qui ont participé au gouvernement sous la monarchie de Juillet, comme Laffitte,
Casimir Périer, Guizot et Thiers. Mais Cormenin sait
bien distinguer l'homme politique de l'orateur et quand
il s'agit de juger le second, il est presque toujours d'une
complète impartialité. Voici, à titre d'exemple, ce qu'il
dit de Thiers que quelques rares membres de notre académie ont, du reste, pu entendre. Il ne ménage pas
à l'homme d'État les attaques très vives que lui adres-
saient ses adversaires. Sans s'interdire quelques moqueries, il analyse et met en valeur ses qualités oratoires.
« M. Thiers, pris au détail, a un front large et intelli-
gent, des yeux vifs, un sourire fin et spirituel. Mais à
l'aspect, il est trapu, négligé, vulgaire, il a dans son
babil quelque chose de la commère, du gamin. Sa voix
nasillarde déchire l'oreille. Le marbre de la tribune lui
va à l'épaule et le dérobe presque à son auditoire... Il a
donc tout contre lui et, cependant, lorsque ce petit homme
s'est emparé de la tribune, il s'y établit si à l'aise, il a
tant d'esprit, tant d'esprit qu'on se laisse aller au plaisir

de l'entendre. Il baisse d'habitude la tête sur son menton lorsqu'il se dirige vers la tribune, mais, lorsqu'il y est grimpé et qu'il parle, il relève si bien la tête, il se dresse si haut sur la pointe des pieds qu'il domine toute l'assemblée.

« On lui proposerait le commandement d'une armée qu'il ne le refuserait pas et moi, je ne sais pas s'il ne gagnerait pas la bataille. Je vous jure que j'ai entendu de mes propres oreilles des généraux engoués de lui, dire qu'ils serviraient volontiers sous ses ordres. Vous riez? Non, je parle sérieusement, et, s'il avait eu quatre pouces de taille de plus et qu'il eût appris la charge en douze temps, il aurait été petit caporal et il aurait tranché du Napoléon.

« M. Thiers est un démon d'esprit. Il en a, je crois à tous les coins des lèvres et jusqu'au bout des ongles. Son organisation ressemble à celle de Voltaire, frêle, délicate, fugace, impressionnable.

« Enfin, je tiens M. Thiers pour un homme de merveilleux esprit, esprit d'une facilité d'expédients, d'une souplesse de forme, d'une lucidité, d'un à propos, d'une finesse et en même temps d'un naturel qui plaît d'autant plus qu'il contraste davantage avec des magnificences ambitieuses de la tribune. »

Cormenin éprouvait un certain embarras à parler librement d'hommes qui étaient ses collègues à la Chambre des Députés. Aussi publia-t-il le *Livre des orateurs* sous le pseudonyme de Timon, le célèbre misanthrope d'Athènes. Il eut recours au même artifice pour ses pamphlets. Mais c'était bien là précaution inutile. Car on savait parfaitement quel auteur se dissimulait sous ce pseudonyme et tous les articles, toutes les brochures publiés en réponse à Timon, s'en prenaient à Cormenin.

L'auteur du *Livre des orateurs* était loin d'avoir le don de l'éloquence. Il montait très rarement à la tribune et il y lisait ses discours. Ses adversaires ne manquaient pas de s'étonner qu'un homme qui portait des jugements sur le talent oratoire des autres, en fût complètement dépourvu. Ils oubliaient que, pour apprécier les œuvres d'autrui, il n'est pas nécessaire d'être capable d'en composer de semblables. Autrement, de combien serait réduit le nombre des critiques des grandes œuvres littéraires qui ont toujours été si nombreux !

Du reste, avec une franchise à laquelle il faut rendre hommage, Cormenin se moquait de ces orateurs parlementaires qu'il appelait des liseurs, bien qu'il fît partie de cette catégorie. Il écrivait : « Les liseurs mettent le papier devant leur bouche et les sons répercutés n'arrivent pas aux auditeurs. Un liseur dont la voix n'est pas éclatante, est complètement inintelligible. Les liseurs se fatiguent à rétorquer d'avance les arguments qu'on ne leur fera pas, et ils ne préviennent pas les arguments qu'on leur fera. Faites donc de l'éloquence avec des points d'exclamation marqués à l'avance sur du papier grand raisin !

« Enfin, quand le liseur débite son écriture, chacun des auditeurs se dit : C'est beau, ah ! c'est sûrement très beau, mais ce n'est pas la peine que j'écoute, je verrai cela demain dans le *Moniteur*. »

Il avait une personnalité trop accentuée, une trop grande indépendance d'esprit pour s'enchaîner à un parti quelconque dont la discipline l'aurait gêné. Mais ses attaques contre le gouvernement, ses doctrines démocratiques et tout d'abord sa défense du suffrage universel direct, lui avaient attiré des sympathies très vives parmi les membres du parti républicain. Pendant quelques années ils le comblèrent d'éloges dans leurs journaux et dans leur discours. Brusquement, leur langage changea du tout au tout. Ceux qui lui avaient prodigué les louanges l'accablèrent de critiques et même d'injures. Ils le qualifièrent d'hypocrite, de crétin, de caméléon, de renégat, et de vendu. Quelle était donc la cause de ce si complet revirement? Cormenin était un fervent catholique. Il soutint dans le domaine des questions religieuses où la politique fait trop d'incursions, des idées tout opposées à celles que le parti républicain défendait. Cormenin était partisan de la liberté de l'enseignement, il était hostile au projet d'inspection par l'État des petits séminaires, il avait protesté contre le projet d'expulsion des jésuites et rédigé des mémoires pour la défense de plusieurs évêques déférés pour abus au Conseil d'État, enfin tourné en dérision les doctrines gallicanes.

Ses amis de la veille devenus ses adversaires, combattirent si vivement sa candidature qu'aux élections générales de 1846, il échoua dans l'arrondissement de Joigny dont il avait été sans interruption le député pendant douze années consécutives. C'est ainsi qu'il ne siégea pas à la Chambre pendant la dernière législature du gouvernement de juillet.

Il demeura alors pendant quelque temps étranger aux luttes politiques et se consacra aux questions d'ordre moral et social en faisant une large part à l'aménagement et aux progrès de l'enseignement populaire.

Dans un voyage en Italie, il avait étudié l'organisation des salles d'asile. A son retour, il la fit connaître en France dans un livre où il en recommandait l'imitation.

Puis, sous le titre d'*Entretiens de village*, il publia une sorte de manuel d'instruction civique et morale. Ce livre n'était ni un exposé de principes, ni un catéchisme. Comme l'indiquait son titre, il se composait d'une série de dialogues que l'auteur imaginait entre un conseiller municipal et un paysan. En répondant aux questions du second, le premier lui expliquait les grands bienfaits de l'instruction primaire, lui démontrait la nécessité de créer des cours d'adultes, de développer les bibliothèques populaires. Quelques entretiens étaient consacrés au rôle qu'ont à remplir les maires et les juges de paix. D'autres avaient pour objet l'utilité de la prévoyance et de l'épargne et la description des établissements qui les facilitent et les favorisent.

A la différence de la plupart des ouvrages de l'auteur, ce petit livre ne contenait aucune attaque, aucune allusion politique. Il reçut de toutes parts le meilleur accueil. En moins d'un an sept éditions comprenant douze mille exemplaires furent épuisées. On en fit des traductions en plusieurs langues étrangères et il fut rendu accessible aux populations de la Bretagne par une traduction en bas breton. La société pour l'instruction élémentaire le couronna et l'Académie française lui décerna un des prix Montyon.

Cormenin s'était du reste, à toutes les époques, préoccupé de l'amélioration de la condition des classes populaires. Son esprit généreux et humanitaire, sa piété agissante se manifestèrent par l'emploi qu'il fit des bénéfices considérables que lui avait procurés la publication de ses pamphlets. Il les consacra à des œuvres d'assistance, d'enseignement populaire et de piété dont il fut le fondateur.

Cormenin ne resta pas longtemps sous le coup de son échec électoral de 1846. Deux ans après, il prit une éclatante revanche. A la suite de la Révolution de 1848, il rentra en grâce auprès du parti républicain. Le suffrage universel dont il avait été l'ardent et infatigable champion pendant dix-huit ans, lui fut très favorable ; il bénéficia d'une quadruple élection comme représentant du peuple dans les départements des Bouches-du-Rhône, de la Mayenne, de la Seine et de l'Yonne. L'Assemblée constituante le choisit comme son premier vice-président et le nomma membre du Comité des dix-huit chargé de rédiger un projet de constitution, puis il fut appelé par ses collègues à présider cet important comité.

Son influence y fut considérable, mais il s'en faut qu'elle ait été toujours heureuse. Ainsi, nul plus que lui n'insista pour que le Président de la République fût élu par le peuple comme les membres de l'Assemblée et pour que les pouvoirs eussent la même durée.

Bien souvent ses opinions différaient de celles de la majorité de ses collègues, il faisait au suffrage universel une part que ceux-ci jugeaient excessive en demandant que la constitution votée par l'Assemblée fut soumise à la ratification du peuple, que les maires et les juges de paix fussent élus par tous les citoyens de la commune ou

du canton, que la guerre ne pût être déclarée ni la paix
conclue qu'en vertu d'un vote de la nation. Il voulait
aussi que le vote fut rendu obligatoire. Les désaccords
qui s'élevèrent entre ses collègues et lui, ranimèrent son
esprit combattif et dans un pamphlet, il dirigea de telles
attaques contre les décisions du comité dont il avait la
présidence qu'il dut se démettre de ses fonctions.

En même temps qu'il collaborait à la rédaction de
la constitution, il se livrait à une très active propagande
en faveur de l'établissement définitif de la République.
C'est pour y réussir qu'il composa une série de brochures
de quelques pages vendues à très bas prix. Comme dans
les *Entretiens de village*, il y recourait à la forme de
dialogues familiers. Un paysan demandait à son inter-
locuteur quel était le meilleur gouvernement, et celui-ci,
en réfutant les arguments présentés contre la république,
lui exposait les graves défauts du régime monarchique
et s'efforçait de démontrer qu'il n'y a qu'une seule forme
de gouvernement qui assure l'égalité et toutes les libertés,
la République. Le paysan se déclarait naturellement tout
à fait convaincu.

Lors de l'élection à la présidence de la République,
Cormenin soutint la candidature de Louis Napoléon que,
par hostilité contre Louis Philippe, il avait défendu lors
des tentatives de Strasbourg et de Boulogne.

Tout en faisant partie de l'Assemblée constituante, il
appartint successivement au Conseil d'État provisoire
constitué après la révolution de février et il en fut le
vice-président, puis au Conseil d'État élu par l'Assemblée en vertu de la constitution; il y présidait la section

du contentieux. Il ne se présenta pas en 1849 aux élections pour l'Assemblée législative.

Mais il n'avait pas pour cela cessé de prendre un vif intérêt aux questions politiques et surtout à celles qui se rattachaient à l'application de la constitution de 1848.

En 1851, on entreprit une campagne de révision constitutionnelle très ardente, bien que l'expérience n'ait eu qu'une durée de trois ans. Il reprit alors la plume pour défendre, selon ses expressions, cette *charte du peuple* dont il était un des principaux auteurs. Les révisionnistes, qui poursuivaient leurs polémiques dans l'Assemblée, dans la presse, dans les réunions publiques, ne se proposaient pas tous le même but. Les uns, sous le prétexte apparent d'améliorer la constitution, voulaient, en réalité, détruire la République et y substituer la monarchie. Pour d'autres, il s'agissait seulement de modifier le texte constitutionnel qui assignait une durée de quatre ans aux fonctions de Président de la République et interdisait une réélection immédiate. C'est précisément de cette interdiction que le parti de l'Élysée réclamait la suppression.

Cormenin se prononça dans une brochure contre toute révision. Il y faisait l'éloge de la Constitution si vivement attaquée, il insistait sur la nécessité de maintenir la courte durée des fonctions du Président et d'interdire la rééligibilité. Il rappelait que la République romaine, pendant sa plus brillante période, avait à sa tête deux consuls élus pour une seule année et que la durée des pouvoirs du Président des États-Unis n'est que de quatre années. En terminant, Cormenin, plein d'illusion sur sa force de persuasion, s'adressait au Prince Président et cherchait à lui faire comprendre quelle juste renommée il acquerrait si, à l'expiration de son mandat, pour obéir à la constitution, il descendait du pouvoir et redevenait un simple citoyen.

Les projets de révision de la Constitution soumis à l'Assemblée législative ne furent pas adoptés par elle; aucun n'avait réuni en sa faveur la majorité spéciale requise, celle des trois quarts des voix exprimées.

Louis Napoléon n'avait, par suite, que le choix entre deux partis, rentrer dans la vie privée en 1852, à l'expiration de son mandat ou se perpétuer au pouvoir en violant la constitution et son serment. On sait à quel des deux partis il s'arrêta.

Le coup d'État du 2 décembre 1851 eut lieu. Cormenin n'éleva aucune protestation et accepta même de nouveau dans le Conseil d'État réorganisé les fonctions de conseiller qu'il devait conserver jusqu'à sa mort.

Dès le rétablissement de l'Empire en 1852, un sénatus-consulte fixa à 25 millions la liste civile annuelle du nouveau souverain, c'était plus que le double de celle de Louis Philippe; il détermina, en outre, la dotation des princes de la famille impériale et même par avance celle de la future impératrice.

Certes, on ne pouvait pas dire que c'était là un gouvernement à bon marché. Mais cette fois, le pamphlétaire de 1831 resta silencieux; il ne renouvela plus ses attaques contre les « listes civiles surchargées de millions dont les miettes feraient vivre tant de misérables ». Du reste, la liberté de la presse dont il avait si largement usé sous le gouvernement de juillet, n'existait plus.

On ne pensera jamais à représenter Cormenin comme un modèle de fermeté dans les opinions. Il fut successivement bonapartiste, légitimiste, républicain, puis après avoir exalté la République, il accepta de hautes fonctions du second Empire. Lui qui n'avait jamais pardonné à la monarchie de juillet d'avoir été établie par un vote de la Chambre des Députés dépassant ses pouvoirs, il devint un des soutiens d'un gouvernement fondé sur un coup de force et sur la violation d'un serment solennel. Il n'a jamais songé à se justifier de ses changements d'opinion, il se bornait à les reconnaître; en s'expliquant avec une franchise brutale il écrivait : «Député, je suis resté fidèle à la charte tant qu'elle a été charte; fonctionnaire, je suis resté fidèle au roi tant qu'il a été roi. Mais ma fidélité ne va pas au delà du tombeau : régner c'est vivre, un roi qui ne règne pas est mort. » A ceux qui l'auraient blâmé de sa dernière conversion, il aurait sans doute répondu : « La République est morte par la volonté du peuple, le suffrage universel a prononcé, je me rallie à son élu. » Vérité politique peut-être, vérité morale non.

Ce qui est certain c'est que Cormenin avait érigé en dogme le suffrage universel. Il avait été le défenseur infatigable du système qui devint en 1848 et qui demeure la base fondamentale de nos institutions. A cet égard il a été un précurseur; il a été chargé de la rédaction du fameux décret du gouvernement provisoire, admettant le suffrage universel pour l'élection de l'Assemblée constituante, c'était le couronnement des cam-

pagnes qu'il avait menées sans jamais se lasser. Il eût été
bien étonné sans doute s'il avait pu prévoir que la France,
après avoir donné l'exemple au monde en reconnaissant
le droit de suffrage à tous les citoyens, se laisserait
dépasser par des nations qui ont longtemps hésité à
l'imiter, en proclamant avant elle l'égalité des deux sexes
devant le bulletin de vote.

Cormenin ne dut pas seulement au second Empire sa
place au nouveau Conseil d'État. C'est aussi ce gouvernement qui lui donna un siège à l'Institut, en le nommant
membre de l'Académie des Sciences morales et politiques.
Sa nomination se rattache au coup d'État académique
de 1855.

Le Ministre de l'Instruction publique de cette époque,
Fortoul, ne cachait pas que le gouvernement était mécon-
tent de l'Institut, il y régnait, disait-il, un esprit d'oppo-
sition qui, dans les élections académiques avait fait donner la préférence à des adversaires de l'Empire. En parti-
culier, à l'Académie des sciences morales et politiques, des
candidats avaient dû leur élection, non à leurs titres qui
n'existaient pas, mais à leur hostilité au gouvernement.

Le mécontentement officiel ne se manifesta pas seulement par des paroles, mais par des mesures de rigueur,
prises en 1855 ; les unes atteignaient l'Institut tout entier,
les autres visaient seulement l'Académie des Sciences
morales et politiques.

Mentionnons rapidement les premières. La séance
publique annuelle des cinq Académies était transportée
du 25 octobre, jour anniversaire du décret de la Conven-
tion qui a créé l'Institut, au 15 août, jour de la Saint-

Napoléon érigé en fête nationale ; le ministre de l'Instruction publique recevait le pouvoir de régler l'ordre des séances publiques annuelles de chaque académie, à lui seul appartenait la police des séances et le droit de distribuer les places, c'est lui qui nommait les fonctionnaires de la Bibliothèque et des différents services de l'Institut. Enfin, les concours pour les prix à décerner étaient remis au jugement de quatre commissaires nommés par le gouvernement auxquels étaient adjoints les membres du bureau de l'Académie intéressée.

Grâce à des protestations de toutes les Académies et à des démarches faites auprès du souverain, ces mesures ne furent pas appliquées, mais elles subsistèrent au moins comme une menace pendant toute la durée du second Empire. C'est seulement en 1872 qu'un décret rendu sur la proposition de Jules Simon, ministre de l'Instruction publique, a abrogé le décret de 1855 qui les avait prises.

Les mesures concernant l'Académie des Sciences morales et politiques étaient plus graves, et elles reçurent une complète exécution. Sans que l'Académie eut été consultée, une section nouvelle y était créée sous la dénomination de section d'administration, politique et finances, puis, un décret nomma les dix nouveaux membres qui devaient la composer. L'un deux était Cormenin.

Cette introduction de membres non élus constituait la plus grave atteinte au droit auquel les Académies tiennent le plus, et à juste titre, celui de se recruter elles-mêmes. Décidément, le régime impérial n'était pas favorable à notre académie. Bonaparte, en 1803, à la veille de l'établissement de l'Empire, avait supprimé la classe des sciences morales et politiques et Napoléon III, sans aller jusqu'à une mesure aussi radicale, méconnaissait une de ses prérogatives les plus précieuses.

Un seul des académiciens bénéficiaires de la faveur impériale, l'ancien ministre Bineau, la repoussa, en déclarant qu'il ne pouvait accepter une nomination faite d'autorité. Cormenin ne l'imita pas, il eut d'autant plus tort que ses travaux lui auraient constitué des titres à une candidature régulière. On ne pouvait pas en dire autant de tous ceux de ses confrères qui avaient été compris dans la même fournée, et l'un d'eux, le général Pelet, en sortant de la séance où les académiciens nommés d'office avaient été installés, disait avec une franchise qui l'honore : *Je ne sais pas pourquoi le Ministre m'a flanqué de l'Académie.*

Les nouveaux venus, qu'on appela les *décemvirs*, furent naturellement accueillis avec froideur par les confrères auxquels ils avaient été imposés. Le jour où ils vinrent prendre séance, contrairement à l'usage, les anciens restèrent assis et immobiles. La courtoisie académique empêcha toute autre manifestation. Mais le souvenir de l'origine irrégulière des *décemvirs* ne s'était pas effacé. Ils le sentirent eux-mêmes et, pour le faire disparaître, plusieurs demandèrent individuellement à passer dans les sections composées de membres régulièrement élus. Un seul obtint satisfaction. Pour combattre ce désir de changement, Mignet disait avec une fine et spirituelle ironie : « N'y a-t-il pas quelque chose de peu agréable pour l'Empereur qui a créé une section administrative, qui en a choisi les membres, de voir ces membres déser-

ter le poste d'honneur où il les avait mis, pour en bri-
guer un autre ? »

Mais on s'accordait à souhaiter que les traces rappe-
lant le souvenir du coup d'état académique de 1855
fussent effacées. Victor Duruy, Ministre de l'Instruction
publique, obtint en 1866 un décret qui supprimait la
nouvelle section, en répartissait les membres dans les
cinq autres, et ajoutait le mot *finances* au titre de la
section d'économie politique, qui devint ainsi la section
d'*économie politique, statistique et finances*.

Cormenin paraissait bien appelé par la nature de ses
titres à faire partie de la section de législation, droit
public et jurisprudence. Mais, à défaut d'un siège vacant
dans cette section, il fut placé dans celle de morale.

A partir de 1851, il resta étranger aux discussions et
aux querelles politiques qui l'avaient passionné pendant
tant d'années. Il partagea son temps entre des œuvres
de charité et d'assistance auxquelles il faut lui savoir gré
d'en avoir toujours consacré une partie, ses fonctions de
Conseiller d'État et ses occupations académiques, jusqu'à
sa mort survenue le 5 mai 1868.

Son nom même est presque oublié aujourd'hui, comme
je l'ai constaté en commençant. Il m'a semblé que ses
travaux dont quelques-uns sont de premier ordre et
l'influence qu'il a exercée sur les événements du dernier
siècle, méritaient un souvenir et une notice.

Paris, 1930. — Typ. de Firmin-Didot et Cⁱᵉ, impr. de l'Institut, 56 rue Jacob. — 59571.

9 782329 209951